Impressum
Verlag: BABADADA GmbH, Nedderfeld 112 , 22529 Hamburg
Geschäftsführer / Verlagsleitung: Harald Hof
Druck: Books on Demand GmbH, In de Tarpen 42, 22848 Norderstedt

Imprint
Publisher: BABADADA GmbH, Nedderfeld 112 , 22529 Hamburg, Germany
Managing Director / Publishing direction: Harald Hof
Print: Books on Demand GmbH, In de Tarpen 42, 22848 Norderstedt

學校
Šola

教室
Razred

除
Deljenje

186/2

黑板
Tabla

校園
Šolsko dvorišče

老師
Učitelj

紙
Papir

書寫
Pisati

筆
Pisalo

辦公桌
Pisalna miza

直尺
Ravnilo

書
Knjiga

學生
Učenec

書包
Šolska torba

鉛筆盒
Peresnica

鉛筆
Svinčnik

削鉛筆機
Šilček

橡皮擦
Radirka

畫板
Risalni blok

圖畫
Risba

畫筆
Čopič

顏料盒
Vodene barvice

剪刀
Škarje

膠水
Lepilo

練習冊
Zvezek

家庭作業
Domača naloga

數字
Število

加
Seštevanje

減
Odštevanje

乘
Množenje

計算
Računanje

字母
Črka

ABCDEFG
HIJKLMN
OPQRSTU
VWXYZ

字母表
Abeceda

hello

字
Beseda

課文

Besedilo

讀

Brati

粉筆

Kreda

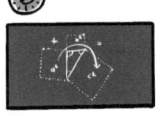

上課

Učna ura

登記

Redovalnica

考試

Preizkus znanja

證書

Spričevalo

校服

Šolska uniforma

教育

Izobrazba

百科全書

Enciklopedija

大學

Univerza

顯微鏡

Mikroskop

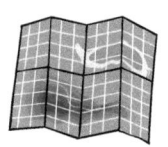

地圖

Zemljevid

廢紙簍

Koš za smeti

旅行

Potovanje

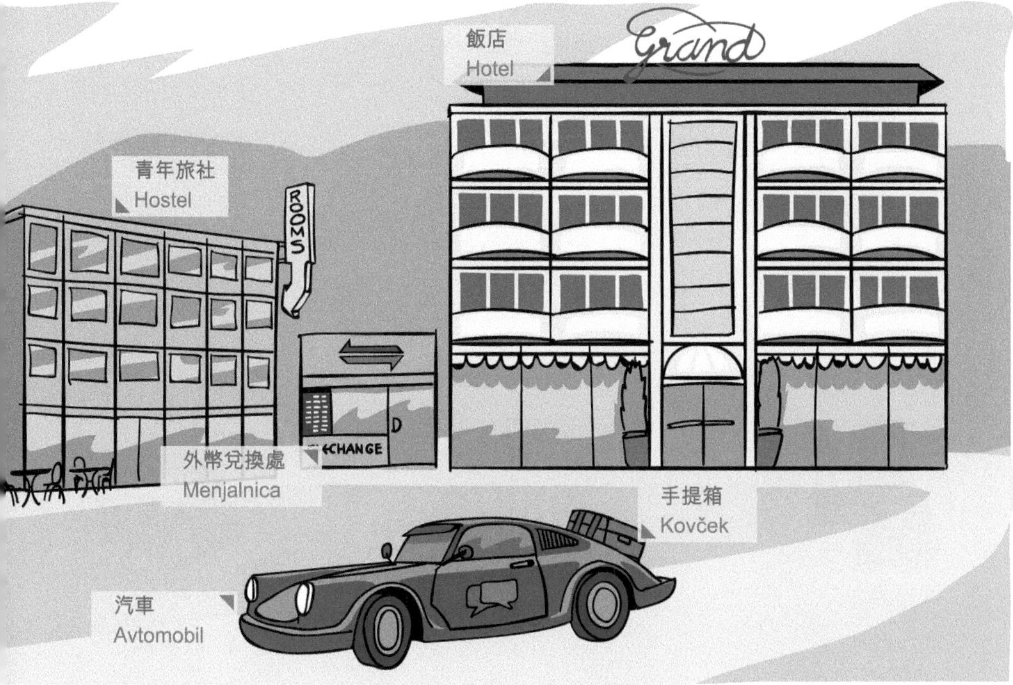
飯店
Hotel
Grand
青年旅社
Hostel
ROOMS
外幣兌換處
Menjalnica
EXCHANGE
手提箱
Kovček
汽車
Avtomobil

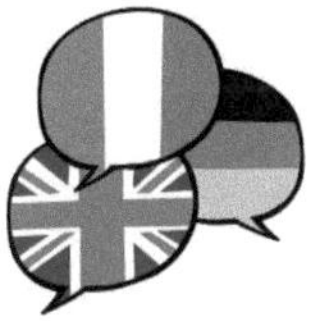

語言

Jezik

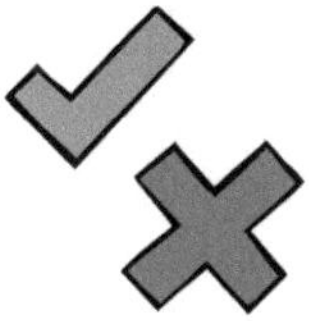

是/否

da / ne

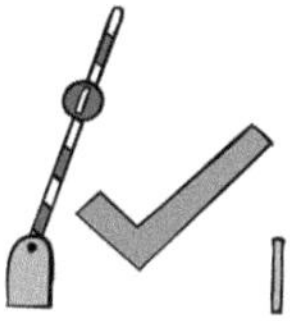

好的

Prav

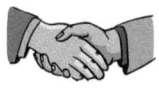

您好

Pozdravljeni

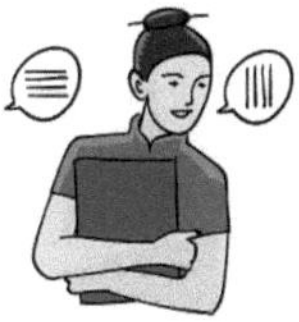

翻譯人員

Prevajalec

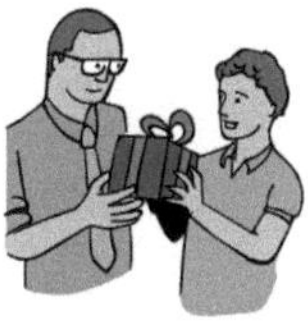

謝謝

Hvala

……多少錢？

Koliko stane...?

我不明白

Ne razumem

問題

Težava

晚上好！

Dober večer!

早上好！

Dobro jutro!

晚安！

Lahko noč!

再見

Nasvidenje

方向

Smer

行李

Prtljaga

包

Torba

背包

Nahrbtnik

客人

Gost

房間

Soba

睡袋

Spalna vreča

帳篷

Šotor

旅行資訊

Turistične informacije

海灘

Plaža

信用卡

Kreditna kartica

早餐

Zajtrk

午餐

Kosilo

晚餐

Večerja

票

Vozovnica

電梯

Dvigalo

郵票

Znamka

邊界

Meja

海關

Carina

大使館

Veleposlaništvo

簽證

Vizum

護照

Potni list

交通運送

Prevoz

飛機
Letalo

船
Ladja

消防車
Gasilsko vozilo

卡車
Tovornjak

公車
Avtobus

汽艇
Motorni čoln

汽車
Avtomobil

腳踏車
Kolo

渡輪

Trajekt

小船

Čoln

機車

Motorno kolo

警車

Policijski avto

賽車

Dirkalni avto

租車

Najeto vozilo

拼車

Souporaba avtomobila

拖車

Avtovleka

垃圾車

Smetarsko vozilo

馬達

Motor

汽油

Gorivo

加油站

Bencinska postaja

交通標識

Prometni znak

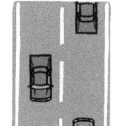

交通

Promet

交通堵塞

Zastoj

停車場

Parkirišče

火車站

Železniška postaja

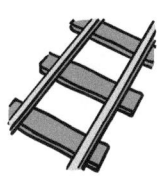

軌道

Tirnice

火車

Vlak

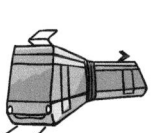

路面電車

Tramvaj

客車廂

Vagon

直升機

Helikopter

機場

Letališče

塔

Stolp

乘客

Potnik

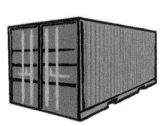

集裝箱

Kontejner

紙板箱

Karton

手推車

Voziček

籃子

Košara

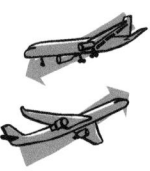

起飛/降落

vzleteti / pristati

城市

Mesto

村莊

Vas

市中心

Mestno jedro

房子

Hiša

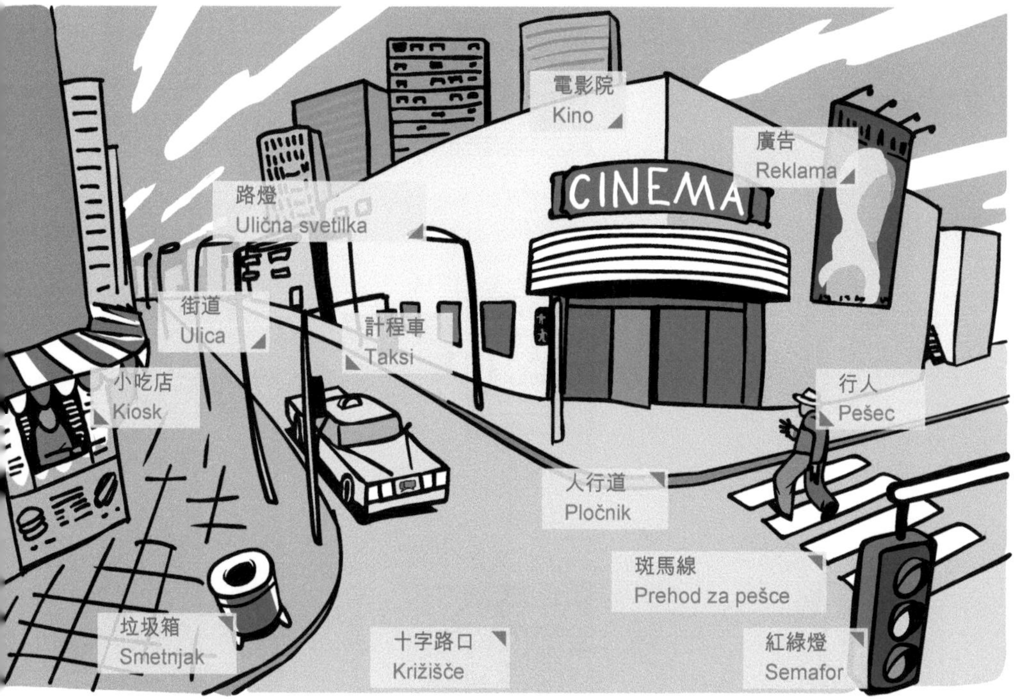

電影院
Kino
CINEMA
廣告
Reklama
路燈
Ulična svetilka
街道
Ulica
計程車
Taksi
小吃店
Kiosk
行人
Pešec
人行道
Pločnik
斑馬線
Prehod za pešce
垃圾箱
Smetnjak
十字路口
Križišče
紅綠燈
Semafor

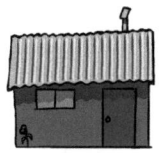

小屋

Koča

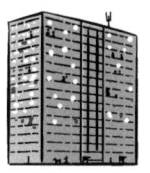

公寓

Stanovanje

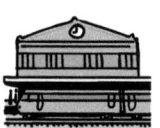

火車站

Železniška postaja

市政廳

Mestna hiša

MUSEUM

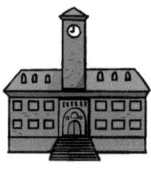

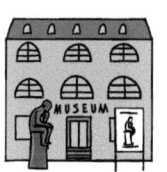

博物館

Muzej

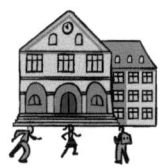

學校

Šola

大學

Univerza

銀行

Banka

醫院

Bolnišnica

飯店

Hotel

藥房

Lekarna

辦公室

Pisarna

書店

Knjigarna

商店

Trgovina

花店

Cvetličarna

超市

Supermarket

市場

Tržnica

百貨商店

Veleblagovnica

魚店

Ribarnica

購物中心

Nakupovalno središče

海港

Pristanišče

公園
Park

長凳
Klop

橋
Most

樓梯
Stopnice

捷運
Podzemna železnica

隧道
Predor

公車站
Avtobusno postajališče

酒吧
Bar

餐館
Restavracija

郵筒
Poštni nabiralnik

路標
Ulična tabla

停車計時器
Parkirna ura

動物園
Živalski vrt

游泳池
Kopališče

清真寺
Mošeja

農場

Kmetija

污染

Onesnaževanje

墓地

Pokopališče

教堂

Cerkev

操場

Otroško igrišče

寺廟

Tempelj

地形
Pokrajina

樹葉
List

指示牌
Kažipot

路
Pot

草地
Travnik

石頭
Kamen

樹
Drevo

徒步旅行者
Pohodnik

河
Reka

草
Trava

花
Cvetlica

峽谷
Dolina

丘陵
Hrib

湖
Jezero

森林
Gozd

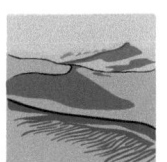

沙漠
Puščava

火山
Vulkan

城堡
Grad

彩虹
Mavrica

蘑菇
Goba

棕櫚樹
Palma

蚊子
Komar

蒼蠅
Muha

螞蟻
Mravlja

蜜蜂
Čebela

蜘蛛
Pajek

甲蟲

Hrošč

青蛙

Žaba

松鼠

Veverica

刺蝟

Jež

野兔

Zajec

貓頭鷹

Sova

鳥

Ptič

天鵝

Labod

野豬

Divji prašič

鹿

Jelen

麋鹿

Los

水壩

Jez

風力發電機

Vetrnica

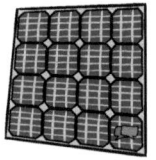

太陽能電池板

Solarna plošča

氣候

Podnebje

餐館

Restavracija

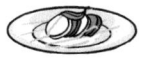

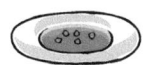

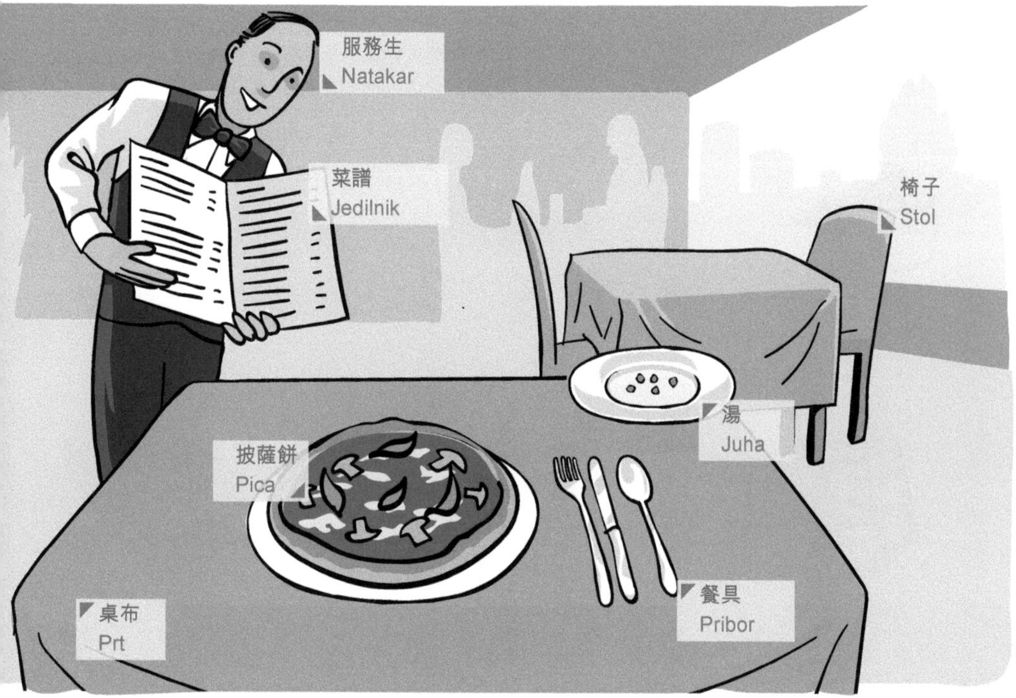
服務生
Natakar
菜譜
Jedilnik
椅子
Stol
湯
Juha
披薩餅
Pica
桌布
Prt
餐具
Pribor

前菜

Predjed

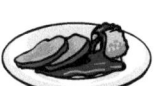

主菜

Glavna jed

甜點

Sladica

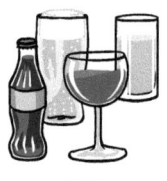

飲料

Pijače

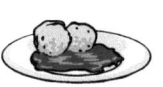

食物

Hrana

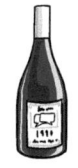

瓶子

Steklenica

速食

Hitra hrana

街邊小吃

Ulična hrana

茶壺

Čajnik

糖盒

Sladkornica

一份飯菜

Porcija

義式咖啡機

Aparat za espresso

高腳椅

Stolček za hranjenje

帳單

Račun

托盤

Pladenj

刀

Nož

餐叉

Vilica

勺子

Žlica

茶匙

Čajna žlička

餐巾

Servieta

玻璃杯

Kozarec

碟子

Krožnik

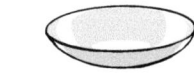

湯盤

Globoki krožnik

碟子

Krožniček

醬

Omaka

鹽瓶

Solnica

胡椒研磨罐

Mlinček za poper

醋

Kis

食用油

Olje

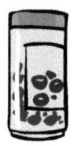

調味料

Začimbe

番茄醬

Kečap

芥末

Gorčica

美乃滋

Majoneza

超市
Supermarket

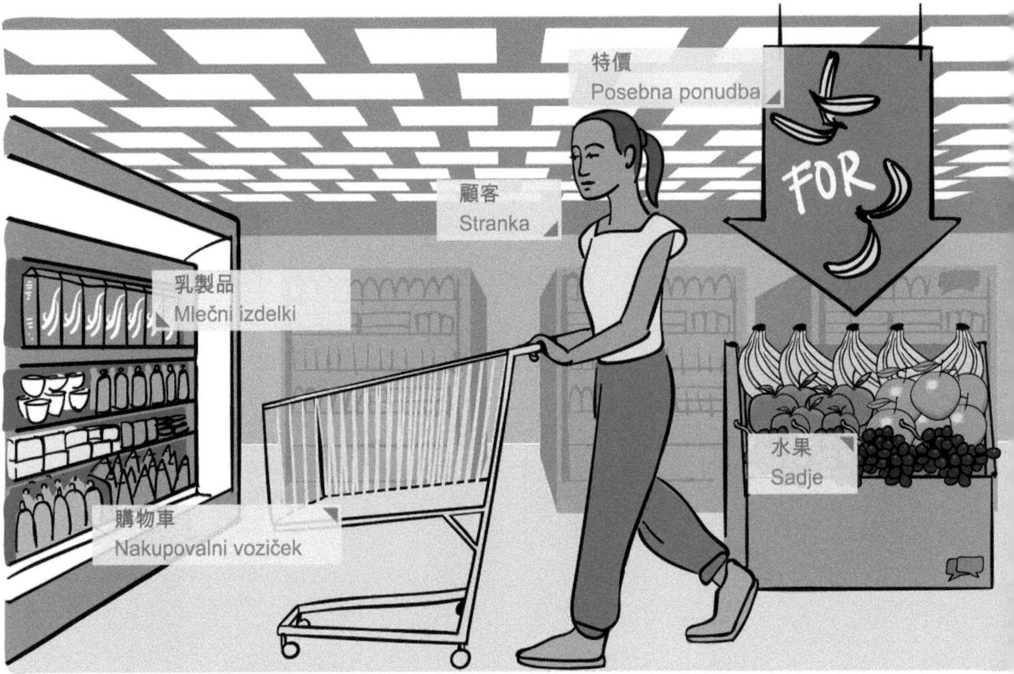

特價
Posebna ponudba
FOR
顧客
Stranka
乳製品
Mlečni izdelki
水果
Sadje
購物車
Nakupovalni voziček

BUTCHERS

肉鋪

Mesnica

BAKERY

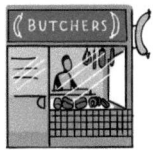

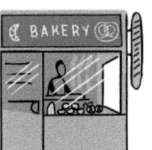

麵包店

Pekarna

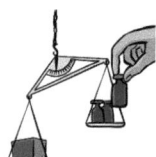

稱重

Tehtati

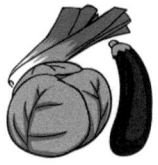

蔬菜

Zelenjava

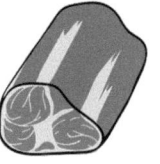

肉

Meso

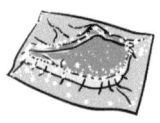

冷凍食品

Zamrznjena hrana

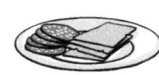

冷盤

Hladne mesnine

罐頭食品

Konzerve

洗衣粉

Pralni prašek

甜食

Sladkarije

日用品

Gospodinjski izdelki

清潔用品

Čistilno sredstvo

銷售員

Prodajalka

收銀機

Blagajna

收銀員

Blagajnik

購物清單

Nakupovalni seznam

開放時間

Delovni čas

錢包

Denarnica

信用卡

Kreditna kartica

袋子

Torba

塑膠袋

Plastična vrečka

水
Voda

果汁
Sok

牛奶
Mleko

可樂
Kola

紅酒
Vino

啤酒
Pivo

酒
Alkohol

可可
Kakav

茶
Čaj

咖啡
Kava

義式濃縮咖啡
Espresso

卡布奇諾
Kapučino

香蕉

Banana

蘋果

Jabolko

柳丁

Pomaranča

西瓜

Lubenica

檸檬

Limona

胡蘿蔔

Korenje

大蒜

Česen

竹子

Bambus

洋蔥

Čebula

蘑菇

Goba

堅果

Oreščki

麵條

Rezanci

義大利麵

Špageti

米飯

Riž

沙拉

Solata

薯條

Ocvrt krompirček

炸馬鈴薯

Pečen krompir

披薩餅

Pica

漢堡

Hamburger

三明治

Sendvič

炸豬排

Zrezek

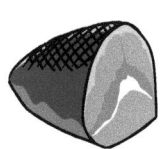

火腿

Šunka

義大利臘腸

Salama

香腸

Klobasa

雞肉

Piščanec

烤肉

Pečenka

魚

Riba

燕麥片

Ovseni kosmiči

木斯里

Musli

玉米片

Koruzni kosmiči

麵粉

Moka

牛角麵包

Rogljiček

麵包捲

Žemlja

麵包

Kruh

吐司

Prepečenec

餅乾

Piškoti

奶油

Maslo

凝乳

Skuta

蛋糕

Torta

蛋

Jajce

煎蛋

Pečeno jajce na oko

起司

Sir

冰淇淋

Sladoled

糖

Sladkor

蜂蜜

Med

果醬

Marmelada

巧克力醬

Čokoladni namaz

咖哩

Kari

農場
Kmetija

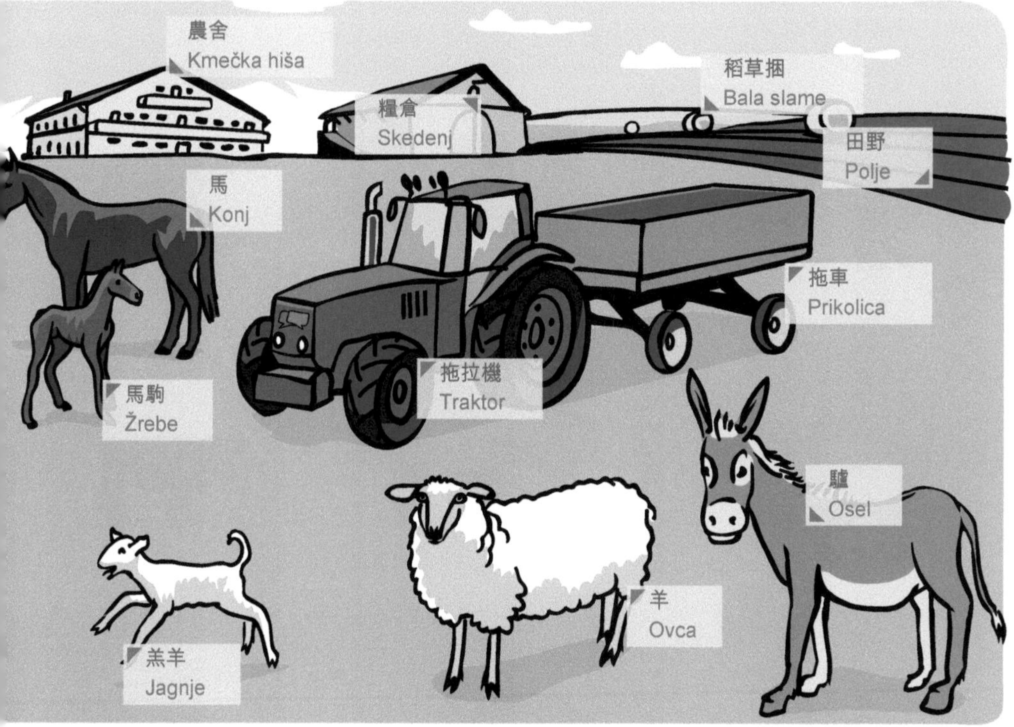
農舍
Kmečka hiša
糧倉
Skedenj
稻草捆
Bala slame
田野
Polje
馬
Konj
拖車
Prikolica
拖拉機
Traktor
馬駒
Žrebe
驢
Osel
羊
Ovca
羔羊
Jagnje

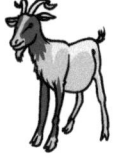

山羊

Koza

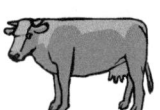

奶牛

Krava

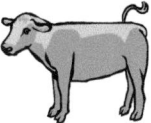

小牛

Tele

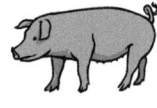

豬

Prašič

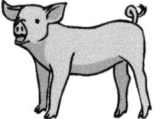

小豬

Pujsek

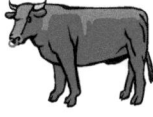

公牛

Bik

鵝

Gos

鴨

Raca

小雞

Piščanec

母雞

Kokoš

公雞

Petelin

鼠

Podgana

貓

Mačka

老鼠

Miš

牛

Vol

狗

Pes

狗屋

Pasja uta

花園澆水軟管

Cev za zalivanje

澆水壺

Kangla za zalivanje

長柄大鐮刀

Kosa

犁

Plug

鐮刀

Srp

鋤頭

Motika

長柄草耙

Vile

斧頭

Sekira

獨輪手推車

Samokolnica

飼料槽

Korito

牛奶罐

Kangla za mleko

麻布袋

Vreča

柵欄

Ograja

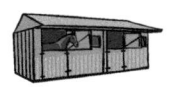

馬廄

Hlev

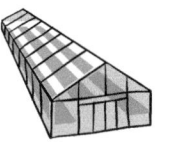

溫室

Rastlinjak

土壤

Prst

種子

Seme

肥料

Gnojilo

聯合收割機

Kombajn

收割

Žeti

收割

Žetev

地瓜

Jam

小麥

Pšenica

大豆

Soja

土豆

Krompir

玉米

Koruza

油菜籽

Oljna ogrščica

果樹

Sadno drevo

樹薯

Maniok

穀物

Žito

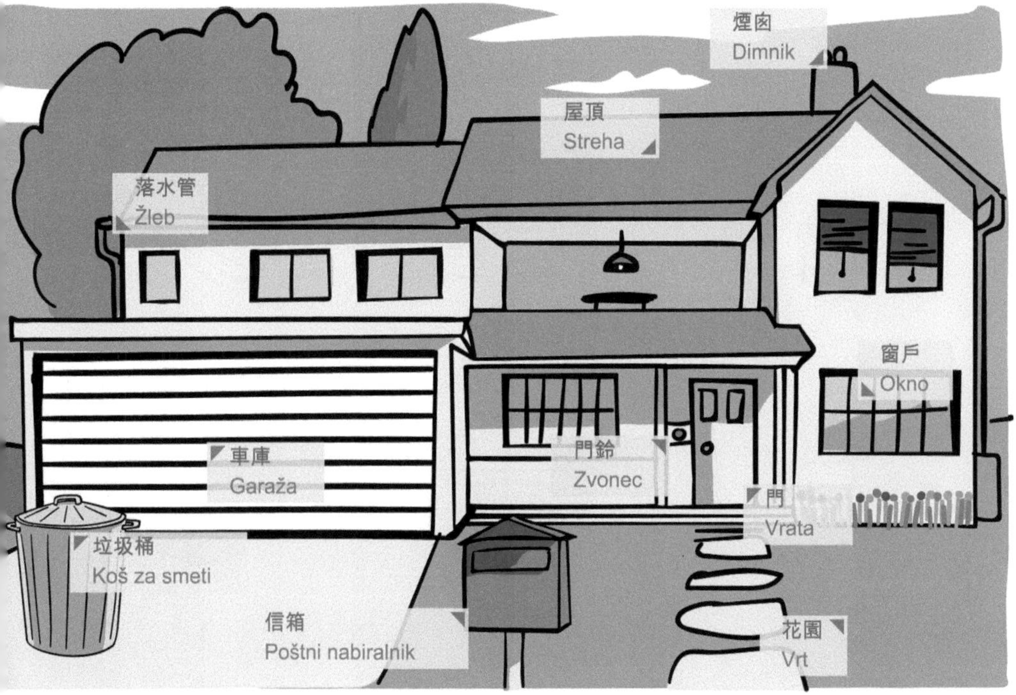

煙囪
Dimnik

屋頂
Streha

落水管
Žleb

窗戶
Okno

車庫
Garaža

門鈴
Zvonec

門
Vrata

垃圾桶
Koš za smeti

信箱
Poštni nabiralnik

花園
Vrt

客廳
Dnevna soba

浴室
Kopalnica

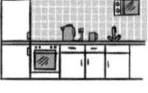

廚房
Kuhinja

臥室
Spalnica

兒童房
Otroška soba

餐廳
Jedilnica

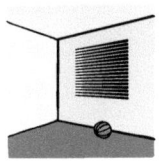

地板

Tla

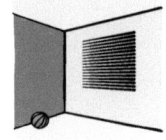

牆壁

Stena

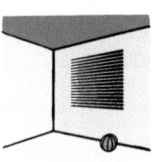

天花板

Strop

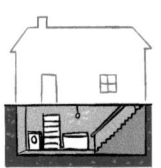

地窖

Klet

三溫暖

Savna

陽臺

Balkon

露臺

Terasa

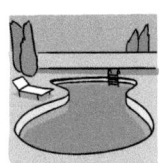

游泳池

Bazen

割草機

Kosilnica

被單

Rjuha

床罩

Posteljno pregrinjalo

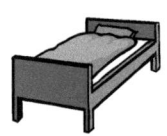

床

Postelja

掃帚

Metla

水桶

Vedro

開關

Stikalo

客廳
Dnevna soba

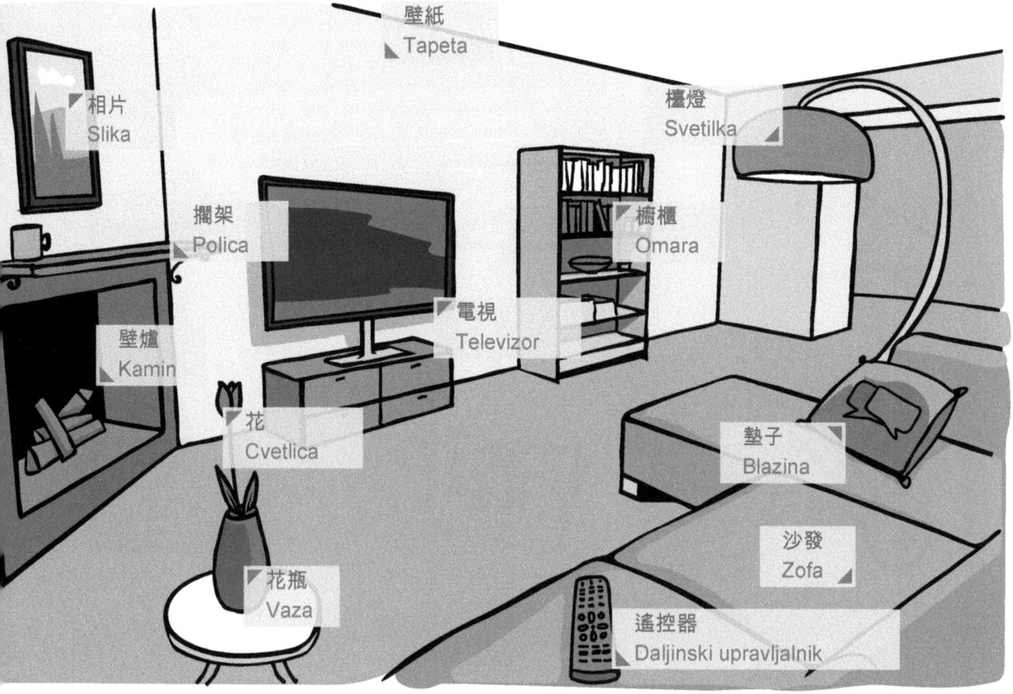

壁紙
Tapeta
相片
Slika
檯燈
Svetilka
擱架
Polica
櫥櫃
Omara
電視
Televizor
壁爐
Kamin
花
Cvetlica
墊子
Blazina
沙發
Zofa
花瓶
Vaza
遙控器
Daljinski upravljalnik

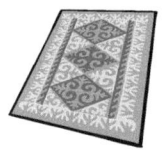

地毯

Preproga

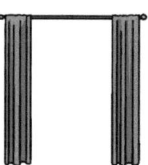

窗簾

Zavesa

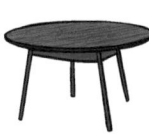

餐桌

Miza

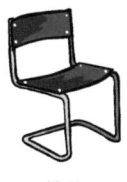

椅子

Stol

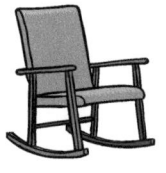

搖椅

Gugalnik

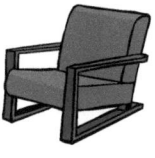

扶手椅

Naslanjač

書
Knjiga

毯子
Odeja

裝飾品
Dekoracija

木柴
Drva

電影
Film

高傳真音響
Glasbeni stolp

鑰匙
Ključ

報紙
Časopis

油畫
Slika

海報
Plakat

收音機
Radio

筆記本
Beležka

吸塵器
Sesalnik

仙人掌
Kaktus

蠟燭
Sveča

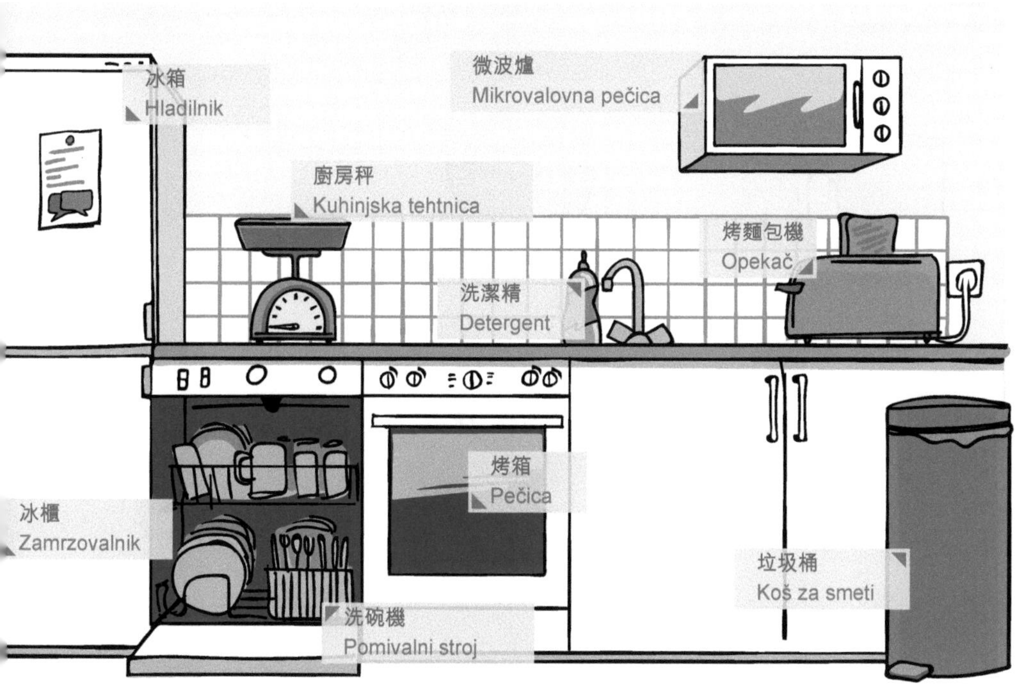

冰箱
Hladilnik

微波爐
Mikrovalovna pečica

廚房秤
Kuhinjska tehtnica

烤麵包機
Opekač

洗潔精
Detergent

烤箱
Pečica

冰櫃
Zamrzovalnik

垃圾桶
Koš za smeti

洗碗機
Pomivalni stroj

炊具
Kozica

鍋
Lonec

鑄鐵鍋
Litoželezni lonec

炒鍋
Vok / kadai

平底鍋
Ponev

水壺
Kotliček

蒸鍋

Parni kuhalnik

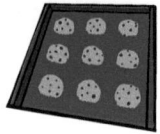

烤盤

Pekač

陶瓷鍋

Posoda

馬克杯

Skodelica

碗

Skleda

筷子

Jedilne paličice

長柄勺

Zajemalka

鏟子

Lopatica

攪拌器

Metlica

濾網

Cedilnik

篩子

Cedilo

磨碎機

Strgalo

研缽

Možnar

燒烤

Žar

明火

Ognjišče

菜板

Deska za rezanje

擀麵杖

Valjar

開瓶器

Odpirač za steklenice

罐子

Pločevinka

開罐器

Odpirač za konzerve

隔熱手套

Prijemalka za posodo

水槽

Korito

刷子

Sčetka

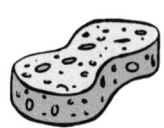

海綿

Goba

攪拌機

Mešalnik

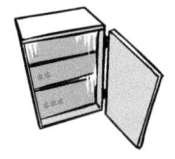

冷藏箱

Zamrzovalna skrinja

奶瓶

Steklenička

水龍頭

Pipa

浴室
Kopalnica

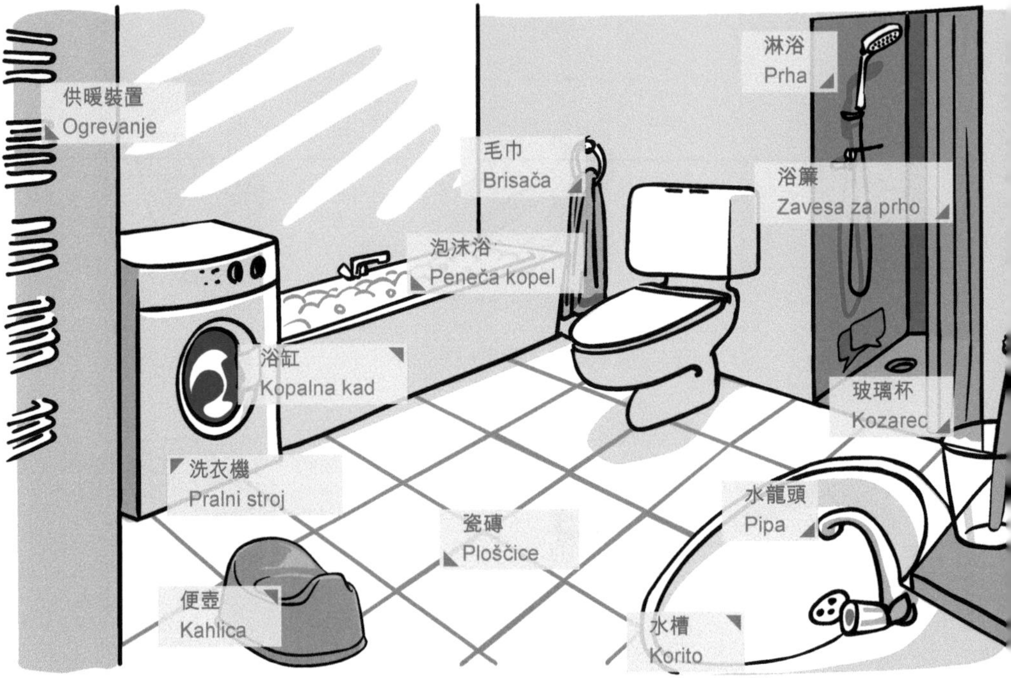

供暖裝置
Ogrevanje

淋浴
Prha

毛巾
Brisača

浴簾
Zavesa za prho

泡沫浴
Peneča kopel

浴缸
Kopalna kad

玻璃杯
Kozarec

洗衣機
Pralni stroj

水龍頭
Pipa

瓷磚
Ploščice

便壺
Kahlica

水槽
Korito

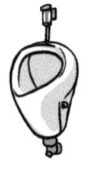

廁所

Stranišče

蹲便器

Stranišče na počep

坐浴器

Bide

小便斗

Pisoar

廁紙

Toaletni papir

馬桶刷

Ščetka za straniščno školjko

牙刷

Zobna ščetka

牙膏

Zobna pasta

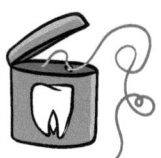

牙線

Zobna nitka

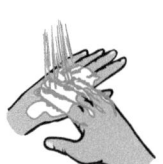

洗

Umiti se

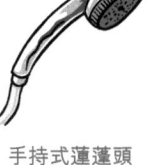

手持式蓮蓬頭

Ročna prha

沖洗器

Prha za intimne dele

洗臉盆

Umivalnik

洗背刷

Krtača za hrbet

肥皂

Milo

沐浴露

Gel za prhanje

洗髮乳

Šampon

法蘭絨

Krpica za miljenje

排水

Odtok

乳霜

Krema

除臭劑

Deodorant

浴室 - Kopalnica

鏡子

Ogledalo

手鏡

Ročno ogledalo

刮鬍刀

Britvica

刮鬍泡沫

Pena za britje

鬍後水

Vodica po britju

梳子

Glavnik

刷子

Ščetka

吹風機

Sušilnik za lase

噴髮定型劑

Lak za lase

化妝品

Ličila

唇膏

Šminka

指甲油

Lak za nohte

化妝棉

Vatirane blazinice

指甲剪

Škarjice za nohte

香水

Parfum

洗漱包

Toaletna torbica

凳子

Stol brez naslonjala

計重秤

Osebna tehtnica

浴袍

Kopalni plašč

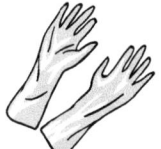

橡膠手套

Gumijaste rokavice

衛生棉條

Tampon

衛生棉

Damski vložki

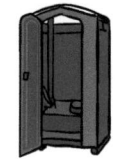

化學廁所

Kemično stranišče

兒童房
Otroška soba

鬧鐘
Budilka
毛絨玩具
Plišasta igrača
玩具車
Avtomobilček
撥浪鼓
Ropotuljica
玩具屋
Hiška za punčke
禮物
Darilo

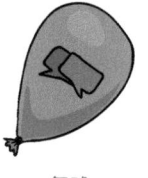

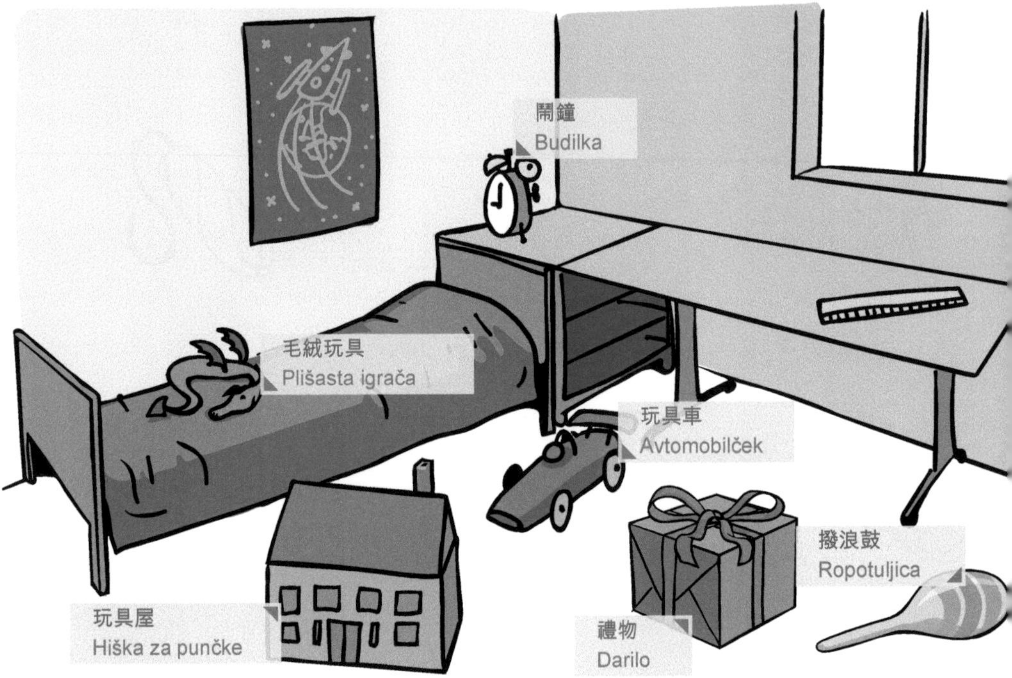

氣球

Balon

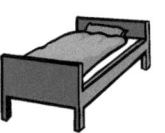

床

Postelja

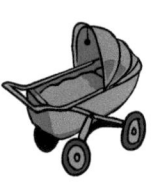

嬰兒車

Otroški voziček

撲克牌

Igralne karte

拼圖

Sestavljanka

SUPER
MEGA

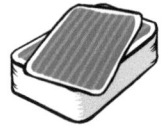

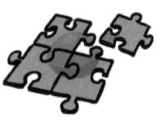

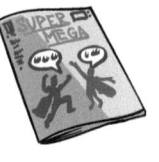

漫畫

Strip

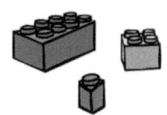

樂高積木

Lego kocke

積木玩具

Igralne kocke

公仔

Akcijska figura

嬰兒服

Bodi

飛盤

Frizbi

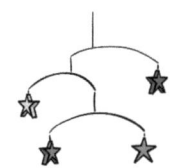

床鈴玩具

Vrtiljak za posteljico

棋盤遊戲

Namizna igra

骰子

Kocka

火車模型

Komplet modelov vlakov

安撫奶嘴

Duda

派對

Zabava

繪本

Slikanica

球

Žoga

洋娃娃

Lutka

玩

Igrati se

沙坑

Peskovnik

鞦韆

Gugalnica

玩具

Igrače

電玩遊戲

Igralna konzola

三輪車

Tricikel

泰迪熊

Plišasti medvedek

衣櫃

Garderoba

衣服
Oblačilo

襪子

Nogavice

長襪

Samostoječe nogavice

緊身褲

Hlačne nogavice

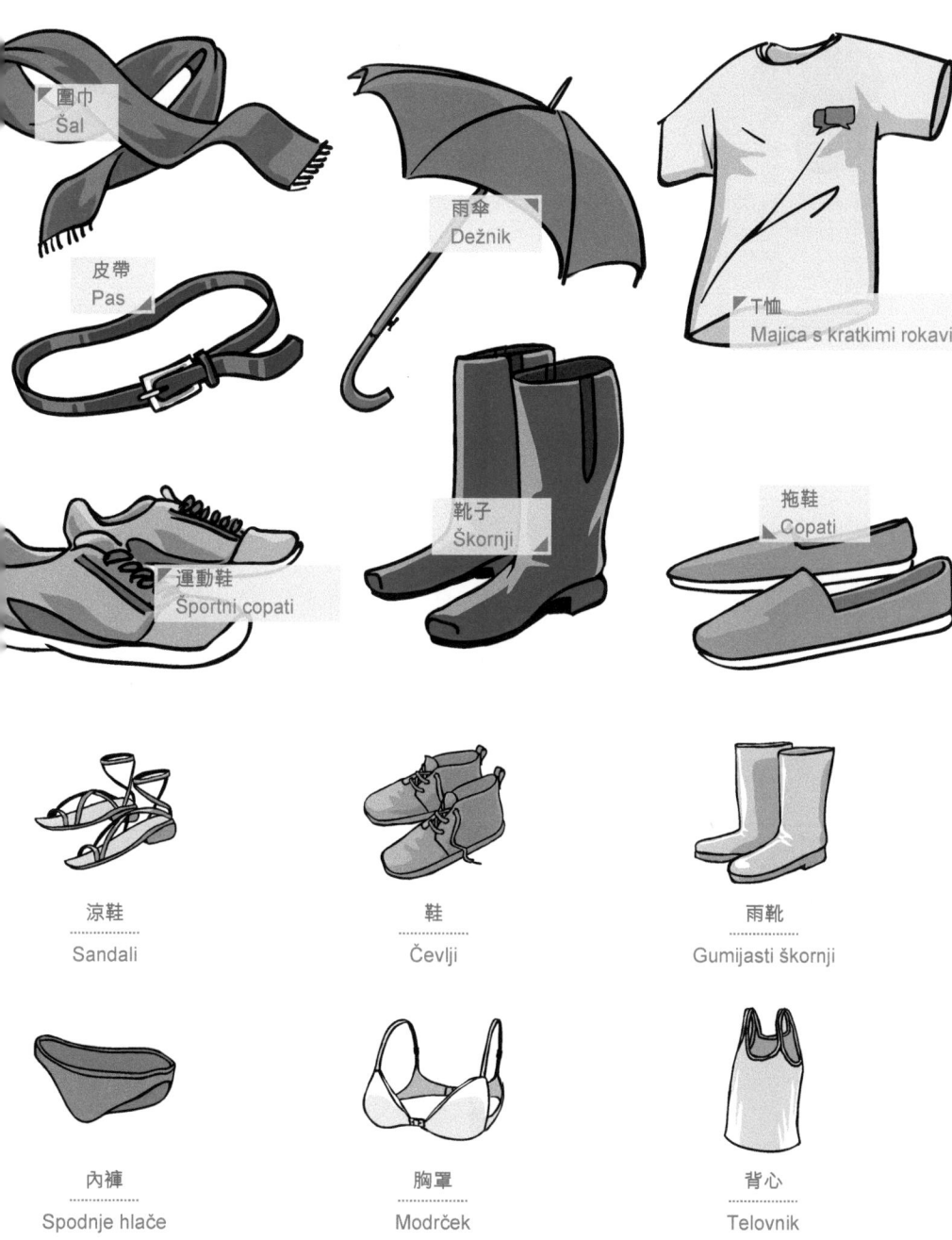

圍巾
Šal

雨傘
Dežnik

T恤
Majica s kratkimi rokavi

皮帶
Pas

靴子
Škornji

拖鞋
Copati

運動鞋
Športni copati

涼鞋
Sandali

鞋
Čevlji

雨靴
Gumijasti škornji

內褲
Spodnje hlače

胸罩
Modrček

背心
Telovnik

衣服 - Oblačilo

身體

Bodi

褲子

Hlače

牛仔褲

Kavbojke

短裙

Krilo

女式襯衫

Bluza

襯衫

Srajca

套頭衫

Pulover

連帽上衣

Pletena jopica

西裝夾克

Jopa

夾克

Jakna

外套

Plašč

雨衣

Dežni plašč

套裝

Kostim

連衣裙

Obleka

婚紗

Poročna obleka

西裝
Obleka

睡袍
Spalna srajca

睡衣
Pižama

莎麗
Sari

頭巾
Naglavna ruta

包頭巾
Turban

波卡
Burka

卡夫坦
Kaftan

(阿拉伯式)長袍
Abaja

泳衣
Kopalke

男式泳褲
Kopalne hlače

短褲
Kratke hlače

運動服
Trenirka

圍裙
Predpasnik

手套
Rokavice

鈕扣

Gumb

眼鏡

Očala

手鏈

Zapestnica

項鍊

Verižica

戒指

Prstan

耳環

Uhan

便帽

Kapa

衣架

Obešalnik

帽子

Klobuk

領帶

Kravata

拉鍊

Zadrga

安全帽

Čelada

背帶

Naramnice

校服

Šolska uniforma

制服

Uniforma

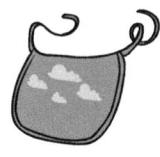

圍兜

Slinček

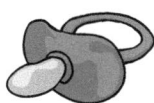

安撫奶嘴

Duda

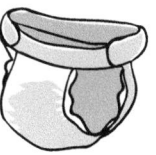

尿布

Plenica

辦公室

Pisarna

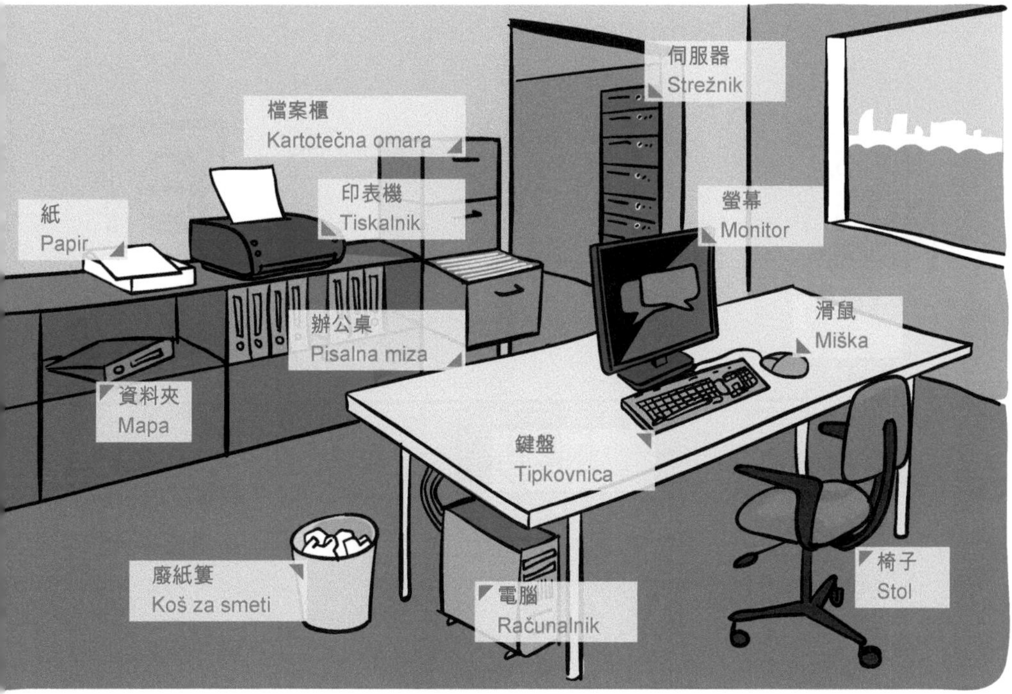

伺服器
Strežnik
檔案櫃
Kartotečna omara
印表機
Tiskalnik
紙
Papir
螢幕
Monitor
滑鼠
Miška
辦公桌
Pisalna miza
資料夾
Mapa
鍵盤
Tipkovnica
椅子
Stol
廢紙簍
Koš za smeti
電腦
Računalnik

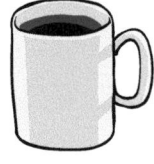

咖啡杯

Lonček za kavo

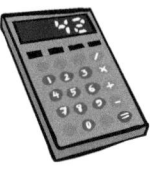

計算機

Kalkulator

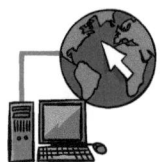

網際網路

Internet

筆記型電腦
Prenosnik

信件
Pismo

簡訊
Sporočilo

行動電話
Mobilnik

網路
Omrežje

影印機
Kopirni stroj

軟體
Programska oprema

電話
Telefon

插座
Vtičnica

傳真機
Telefaks

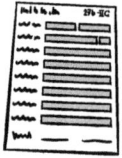

表格
Obrazec

檔案
Dokument

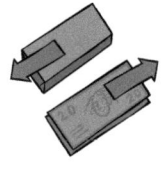

買

Kupiti

付錢

Plačati

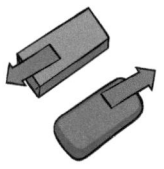

交易

Trgovati

現金

Denar

美元

Dolar

歐元

Evro

日元

Jen

盧布

Rubelj

瑞士法郎

Švičarski frank

人民幣

Kitajski juan renminbi

盧比

Rupija

提款處

Bankomat

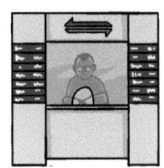

外幣兌換處

Menjalnica

金

Zlato

銀

Srebro

石油

Nafta

能源

Energija

價格

Cena

合約

Pogodba

稅金

Davek

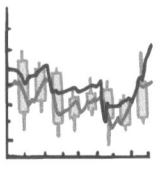

股票

Delnice

工作

Delati

職員

Delojemalec

老闆

Delodajalec

工廠

Tovarna

商店

Trgovina

職業
Poklici

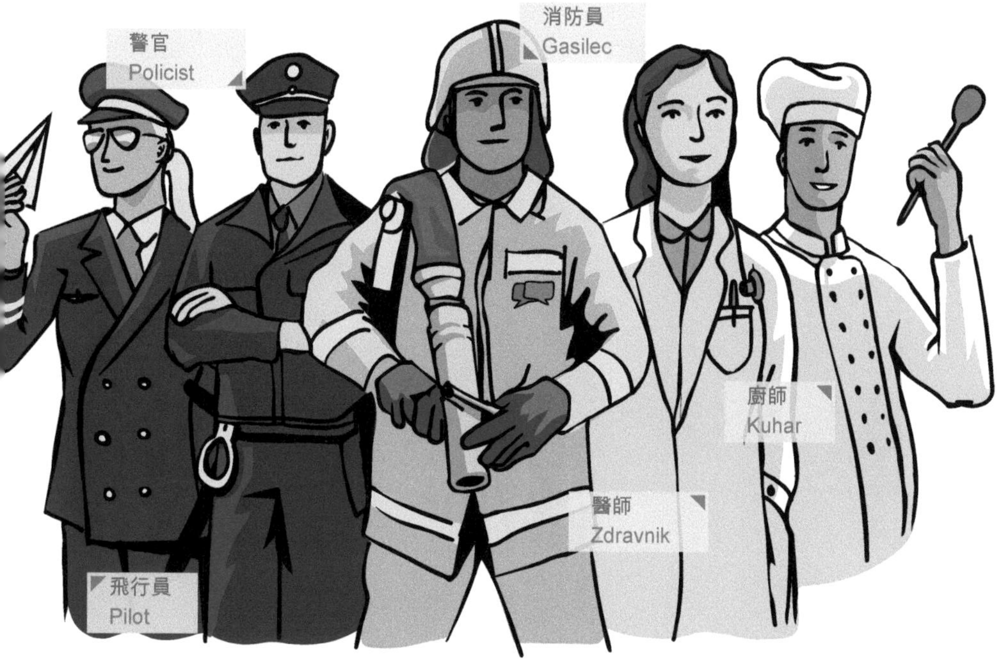
消防員
Gasilec
警官
Policist
廚師
Kuhar
醫師
Zdravnik
飛行員
Pilot

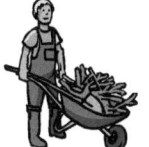

園丁

Vrtnar

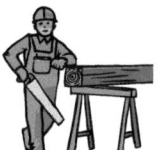

木匠

Mizar

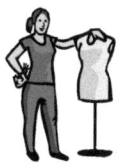

裁縫

Šivilja

法官

Sodnik

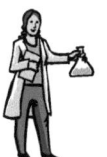

化學家

Kemik

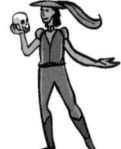

演員

Igralec

公車司機

Voznik avtobusa

計程車司機

Taksist

漁夫

Ribič

清洗女工

Čistilka

屋頂工

Krovec

服務生

Natakar

獵人

Lovec

畫家

Pleskar

麵包師

Pek

電工

Električar

建築工人

Gradbenik

工程師

Inženir

屠夫

Mesar

水管工

Vodovodni inštalater

郵差

Poštar

士兵

Vojak

建築師

Arhitekt

收銀員

Blagajnik

花農

Cvetličar

理髮師

Frizer

售票員

Sprevodnik

機械技師

Mehanik

船長

Kapitan

牙醫

Zobozdravnik

科學家

Znanstvenik

拉比

Rabin

伊瑪目

Imam

和尚

Menih

牧師

Duhovnik

工具
Orodje

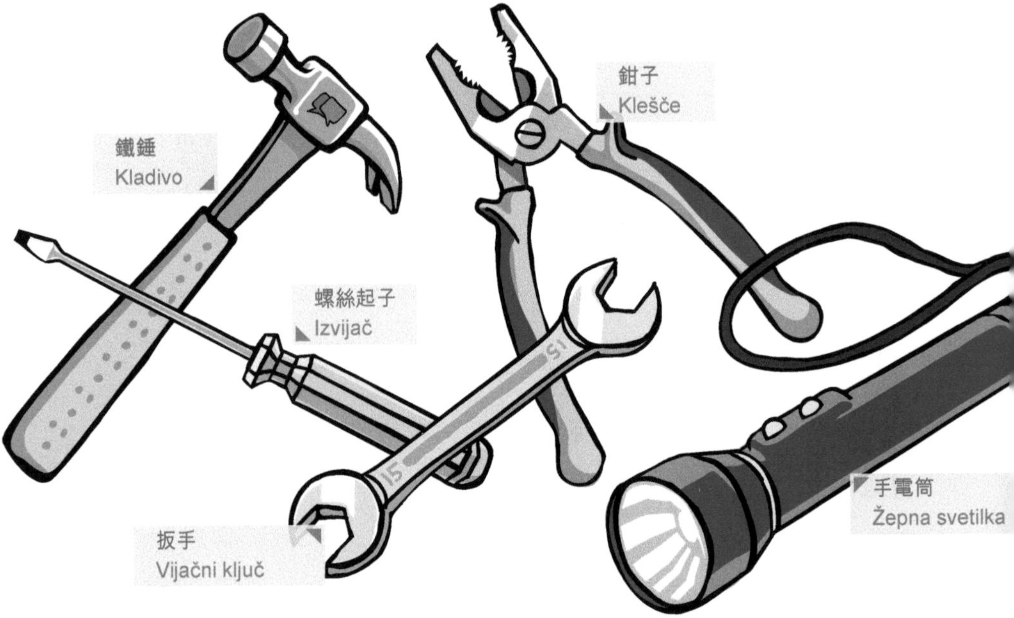
鐵錘
Kladivo
鉗子
Klešče
螺絲起子
Izvijač
扳手
Vijačni ključ
手電筒
Žepna svetilka

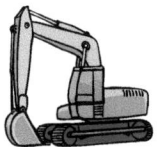

挖掘機
Bager

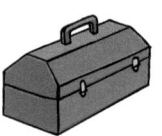

工具箱
Zaboj z orodjem

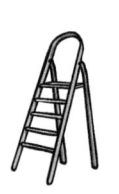

梯子
Lestev

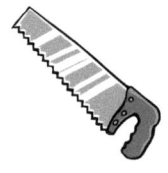

鋸子
Žaga

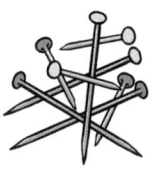

釘子
Žeblji

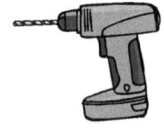

鑽機
Vrtalnik

修
Popraviti

鏟子
Lopata

糟糕！
Šment!

畚箕
Smetišnica

油漆桶
Posoda z barvo

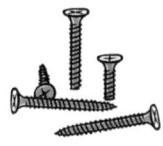

螺絲
Vijaki

樂器

Glasbeni instrument

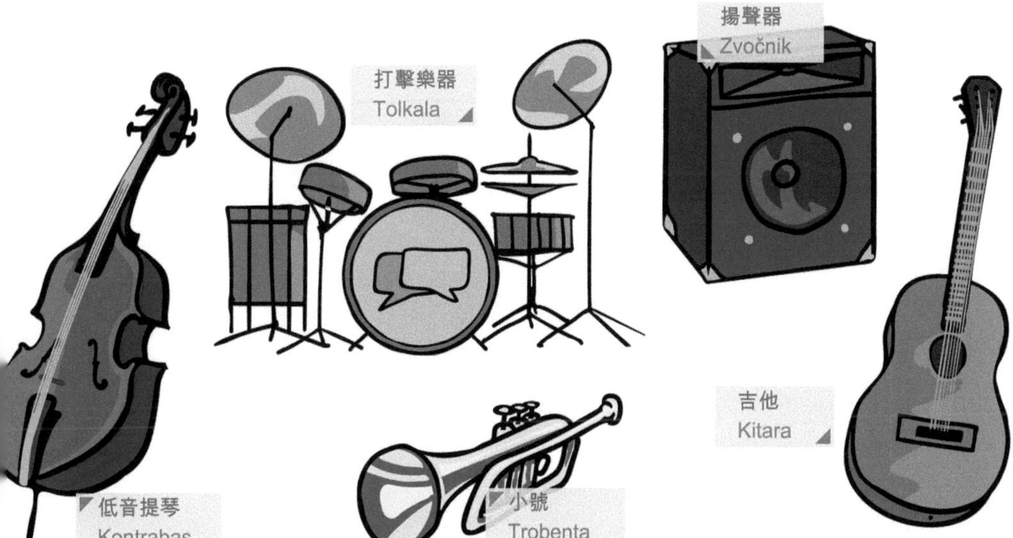

揚聲器
Zvočnik

打擊樂器
Tolkala

吉他
Kitara

低音提琴
Kontrabas

小號
Trobenta

鋼琴
Klavir

小提琴
Violina

貝斯
Bas kitara

定音鼓
Pavke

鼓
Bobni

電子琴
Sintetizator

薩克斯風
Saksofon

長笛
Flavta

麥克風
Mikrofon

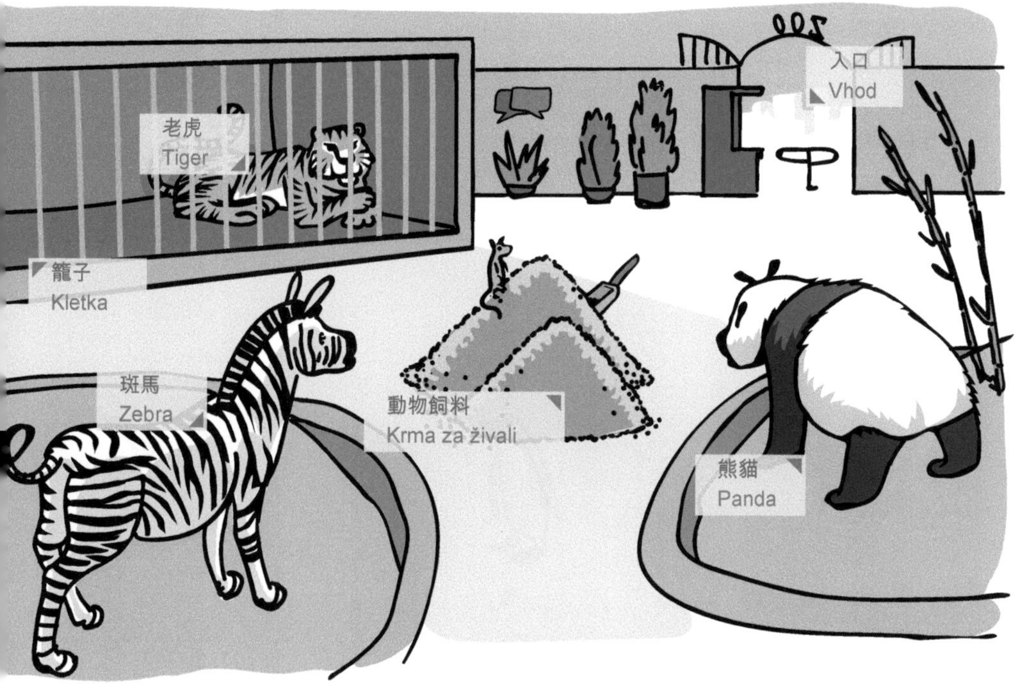

老虎
Tiger

入口
Vhod

籠子
Kletka

斑馬
Zebra

動物飼料
Krma za živali

熊貓
Panda

動物

Živali

大象

Slon

袋鼠

Kenguru

犀牛

Nosorog

大猩猩

Gorila

熊

Medved

駱駝

Kamela

鴕鳥

Noj

獅子

Lev

猴子

Opica

紅鶴

Plamenec

鸚鵡

Papagaj

北極熊

Severni medved

企鵝

Pingvin

鯊魚

Morski pes

孔雀

Pav

蛇

Kača

鱷魚

Krokodil

動物園管理員

Oskrbnik v živalskem vrtu

海豹

Tjulenj

美洲豹

Jaguar

矮種馬

Poni

豹

Leopard

河馬

Povodni konj

長頸鹿

Žirafa

老鷹

Orel

野豬

Divji prašič

魚

Riba

龜

Želva

海象

Mrož

狐狸

Lisica

羚羊

Gazela

橄欖球
Ameriški nogomet

騎腳踏車
Kolesarjenje

網球
Tenis

籃球
Košarka

游泳
Plavanje

拳擊
Boks

冰球
Hokej

美式足球

Nogomet

羽毛球

Badminton

田徑

Atletika

手球

Rokomet

滑雪

Smučanje

馬球

Polo

跳
Skočiti

擁抱
Objeti

笑
Smejati se

走路
Hoditi

唱
Peti

做夢
Sanjati

祈禱
Moliti

親吻
Poljubiti

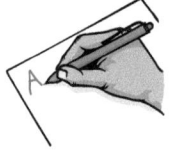

書寫
Pisati

畫
Risati

展示
Pokazati

推
Potisniti

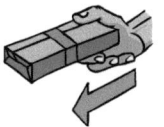

給
Dati

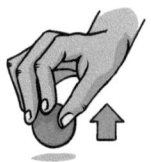

拿
Vzeti

有
Imeti

做
Narediti

當
Biti

站
Stati

跑
Teči

拉
Vleči

丟
Vreči

摔倒
Pasti

躺
Ležati

等待
Čakati

攜帶
Nositi

坐
Sedeti

穿衣
Obleči se

睡覺
Spati

醒來
Zbuditi se

看

Gledati

哭

Jokati

擊

Božati

梳頭

Česati se

交談

Govoriti

明白

Razumeti

問

Vprašati

聽

Poslušati

喝

Piti

吃

Jesti

清理

Pospraviti

愛

Ljubiti

做飯

Kuhati

開車

Voziti

飛

Leteti

活動 - Dejavnosti

航行

Jadrati

計算

Računanje

讀

Brati

學習

Učiti se

工作

Delati

結婚

Poročiti se

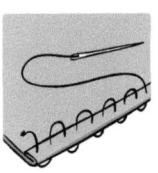

縫

Šivati

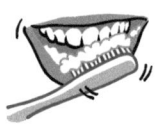

刷牙

Ščetkati si zobe

殺

Ubiti

抽菸

Kaditi

寄

Poslati

家

Družina

祖母
Stara mati

祖父
Stari oče

父親
Oče

母親
Mati

嬰兒
Dojenček

女兒
Hči

兒子
Sin

客人
Gost

阿姨
Teta

叔叔
Stric

兄弟
Brat

姐妹
Sestra

身體

Telo

前額
Čelo
眼睛
Oko
臉
Obraz
下巴
Brada
手指
Prst
手
Dlan
乳房
Prsi
手臂
Roka
肩膀
Rama
腿
Noga

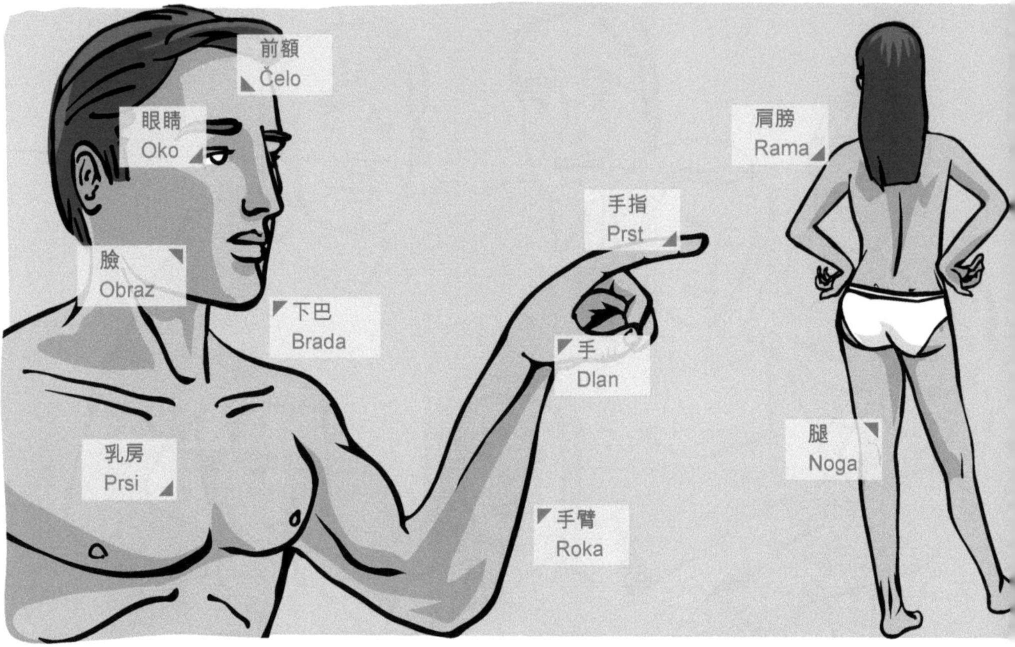

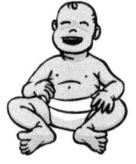

嬰兒

Dojenček

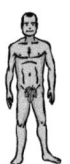

男人

Človek

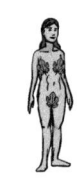

女人

Ženska

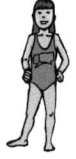

女孩

Dekle

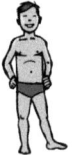

男孩

Fant

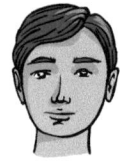

頭

Glava

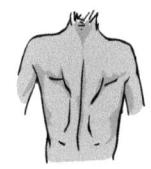

背部
Hrbet

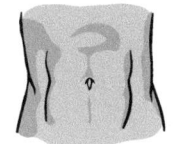

肚子
Trebuh

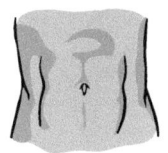

肚臍
Popek

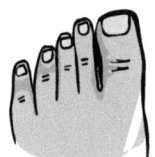

腳趾
Prst na nogi

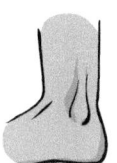

腳後跟
Peta

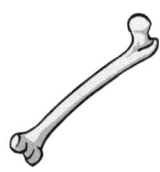

骨頭
Kost

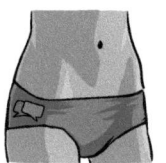

臀部
Kolk

膝蓋
Koleno

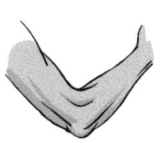

手肘
Komolec

鼻子
Nos

屁股
Zadnjica

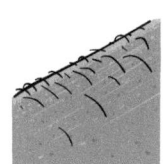

皮膚
Koža

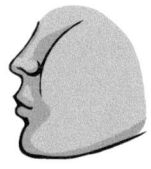

臉頰
Lice

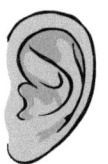

耳朵
Uho

嘴唇
Ustnica

嘴

Usta

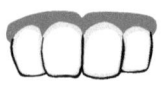

牙齒

Zob

舌頭

Jezik

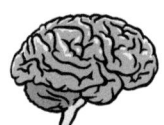

腦

Možgani

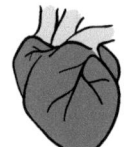

心臟

Srce

肌肉

Mišica

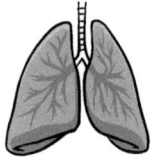

肺

Pljuča

肝臟

Jetra

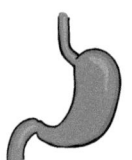

胃

Želodec

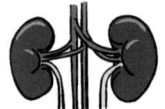

腎臟

Ledvice

性交

Spolni odnos

保險套

Kondom

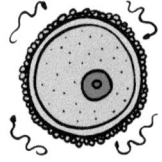

卵子

Jajčece

精子

Semenska tekočina

懷孕

Nosečnost

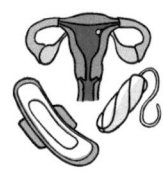

月事

Menstruacija

陰道

Vagina

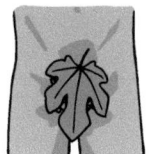

陰莖

Penis

眉毛

Obrv

頭髮

Lasje

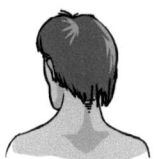

脖子

Vrat

醫院
Bolnišnica

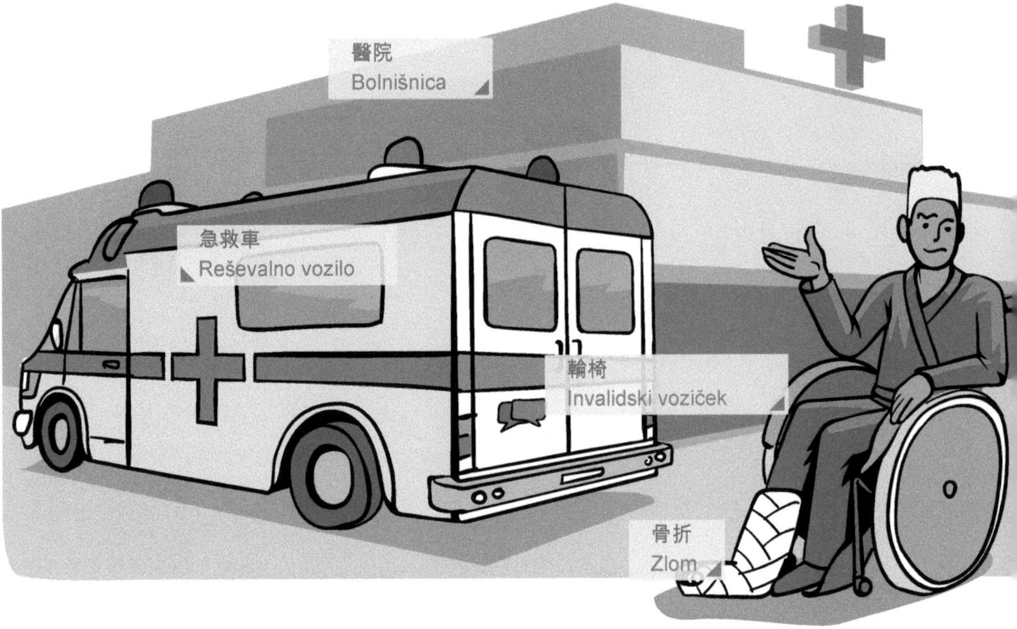

醫院
Bolnišnica
急救車
Reševalno vozilo
輪椅
Invalidski voziček
骨折
Zlom

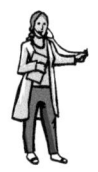

醫師

Zdravnik

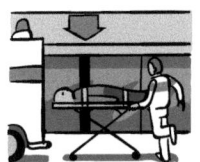

急診室

Urgenca

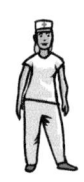

護理師

Medicinska sestra

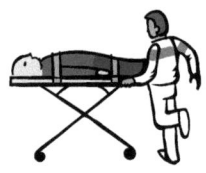

緊急情形

Nujni primer

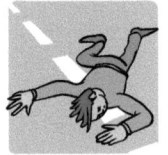

昏迷

Nezavesten

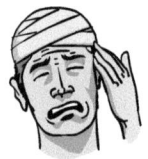

痛

Bolečina

受傷
Poškodba

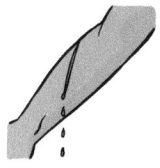

出血
Krvavenje

心臟病發作
Srčni infarkt

中風
Kap

過敏
Alergija

咳嗽
Kašelj

發燒
Vročina

流感
Gripa

腹瀉
Driska

頭痛
Glavobol

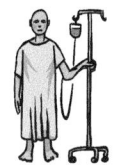

癌症
Rak

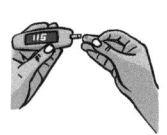

糖尿病
Sladkorna bolezen

外科醫師
Kirurg

手術刀
Skalpel

手術
Operacija

醫院 - Bolnišnica

電腦斷層掃描

CT

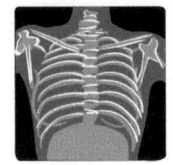

X光

Rentgen

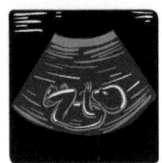

超音波

Ultrazvok

口罩

Obrazna maska

疾病

Bolezen

候診室

Čakalnica

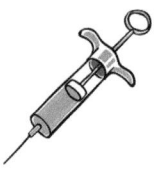

拐杖

Bergla

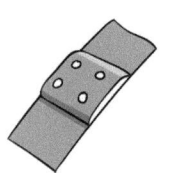

石膏

Obliž

繃帶

Preveza

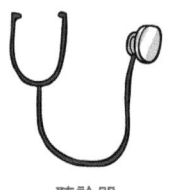

注射

Injekcija

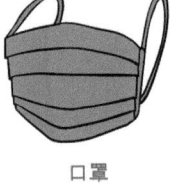

聽診器

Stetoskop

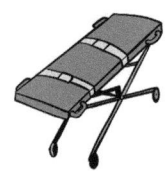

擔架

Nosila

體溫計

Klinični termometer

出生

Porod

超重

Prekomerna teža

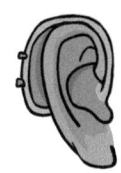

助聽器

Slušni pripomoček

消毒液

Razkužilo

感染

Okužba

病毒

Virus

愛滋病

HIV / AIDS

藥物

Medicina

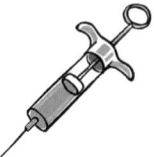

接種疫苗

Cepljenje

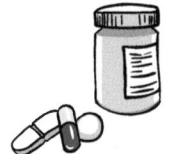

藥片

Tablete

藥丸

Tableta

急救電話

Klic v sili

血壓計

Merilnik krvnega tlaka

生病/健康

bolano / zdravo

救命！

Na pomoč!

警報

Alarm

突擊

Napad

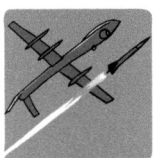

攻擊

Napad

危險

Nevarnost

緊急出口

Izhod v sili

失火了！

Gori!

滅火器

Gasilni aparat

意外

Nezgoda

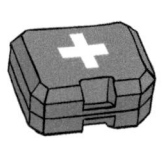

急救箱

Komplet za prvo pomoč

呼救訊號

SOS

員警

Policija

歐洲

Evropa

北美洲

Severna Amerika

南美洲

Južna Amerika

非洲

Afrika

亞洲

Azija

澳洲

Avstralija

大西洋

Atlantski ocean

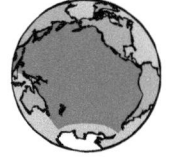

太平洋

Tihi ocean

印度洋

Indijski ocean

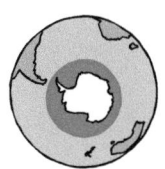

南冰洋

Južni ocean

北冰洋

Arktični ocean

北極

Severni tečaj

南極

Južni tečaj

南極洲

Antarktika

地球

Zemlja

陸地

Kopno

海

Morje

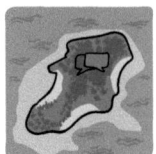

島

Otok

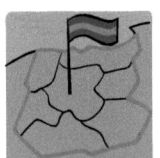

國家

Narod

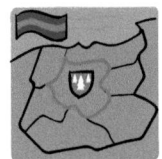

州

Država

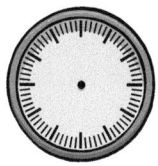

錶盤
Številčnica

時針
Urni kazalec

分針
Minutni kazalec

秒針
Sekundni kazalec

現在幾點？
Koliko je ura?

天
Dan

時間
Čas

現在
Zdaj

電子錶
Digitalna ura

分
Minuta

時
Ura

週

Teden

週一
Ponedeljek

週三
Sreda

週五
Petek

週二
Torek

週六
Sobota

週四
Četrtek

週日
Nedelja

昨天
Včeraj

今天
Danes

明天
Jutri

早晨
Jutro

中午
Poldne

晚上
Večer

工作日
Delovni dnevi

週末
Konec tedna

雨
Dež

春
Pomlad

夏
Poletje

彩虹
Mavrica

風
Veter

秋
Jesen

雪
Sneg

冬
Zima

天氣預告

Vremenska napoved

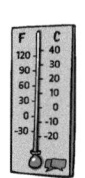

溫度計

Termometer

陽光

Sončna svetloba

雲

Oblak

霧

Megla

潮濕

Vlažnost

閃電

Strela

打雷

Grom

風暴

Nevihta

冰雹

Toča

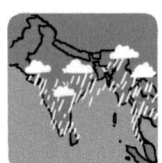

季風

Monsun

洪水

Poplava

冰

Led

一月

Januar

二月

Februar

三月

Marec

四月

April

五月

Maj

六月

Junij

七月

Julij

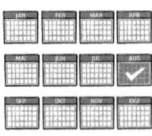

八月

Avgust

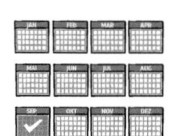

九月
....
September

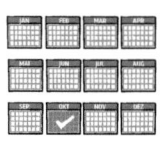

十月
....
Oktober

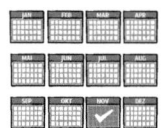

十一月
....
November

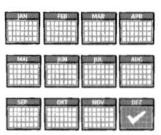

十二月
....
December

圓形
....
Krogla

正方形
....
Kvadrat

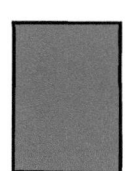

長方形
....
Pravokotnik

三角形
....
Trikotnik

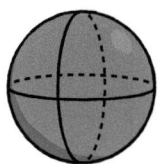

球體
....
Krogla

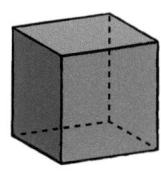

立方體
....
Kocka

白

Bela

黄

Rumena

橙

Oranžna

粉

Rožnata

紅

Rdeča

紫

Vijolična

藍

Modra

緑

Zelena

棕

Rjava

灰

Siva

黑

Črna

很多/少許

veliko / malo

生氣/平靜

jezno / umirjeno

美/醜

lepo / grdo

首/尾

začetek / konec

大/小

veliko / majhno

明/暗

svetlo / temno

兄弟/姐妹

brat / sestra

乾淨/骯髒

čisto / umazano

完整/缺失

popolno / nepopolno

白天/晚上

dan / noč

死/生

mrtvo / živo

寬/窄

široko / ozko

可食用/非食用

užitno / neužitno

邪惡/善良

zlobno / prijazno

興奮/無聊

vznemirjeno / zdolgočaseno

胖/瘦

debelo / vitko

第一/最後

prvo / zadnje

朋友/敵人

prijatelj / sovražnik

滿/空

polno / prazno

硬/軟

trdo / mehko

重/輕

težko / lahko

餓/渴

lakota / žeja

生病/健康

bolano / zdravo

非法/合法

nezakonito / zakonito

聰明/愚笨

pametno / neumno

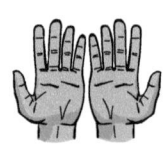

左/右

levo / desno

近/遠

blizu / daleč

新/舊

novo / rabljeno

沒有/有些

nič / nekaj

老/幼

staro / mlado

開/關

vklopljeno / izklopljeno

打開/闔上

odprto / zaprto

安靜/吵鬧

tiho / glasno

富/窮

bogato / revno

對/錯

prav / narobe

粗糙/光滑

grobo / gladko

傷心/高興

žalostno / veselo

短/長

kratko / dolgo

慢/快

počasi / hitro

濕/乾

mokro / suho

溫暖/涼爽

toplo / hladno

戰爭/和平

vojna / mir

0	**1**	**2**
零	一	二
Ničla	Ena	Dva
3	**4**	**5**
三	四	五
Tri	Štiri	Pet
6	**7**	**8**
六	七	八
Šest	Sedem	Osem
9	**10**	**11**
九	十	十一
Devet	Deset	Enajst

12

十二

Dvanajst

13

十三

Trinajst

14

十四

Štirinajst

15

十五

Petnajst

16

十六

Šestnajst

17

十七

Sedemnajst

18

十八

Osemnajst

19

十九

Devetnajst

20

二十

Dvajset

100

百

Sto

1.000

千

Tisoč

1.000.000

百萬

Milijon

數字 - Števila

英語

Angleščina

美式英語

Ameriška angleščina

普通話

Mandarinščina

印地語

Hindujščina

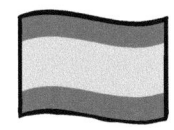

西班牙語

Španščina

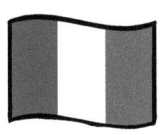

法語

Francoščina

阿拉伯語

Arabščina

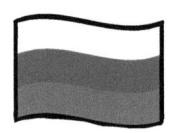

俄語

Ruščina

葡萄牙語

Portugalščina

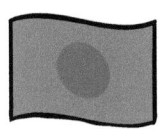

孟加拉語

Bengalščina

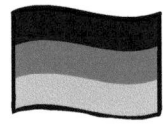

德語

Nemščina

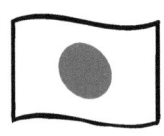

日語

Japonščina

我

Jaz

你

Ti

他/她/它

On / ona / tisto

我們

Mi

你們

Vi

他們

Oni

誰？

Kdo?

什麼？

Kaj?

如何？

Kako?

何處？

Kje?

何時？

Kdaj?

名字

Ime

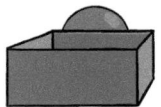

後面

Zadaj

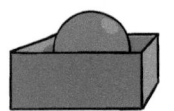

裡面

V

前面

Pred

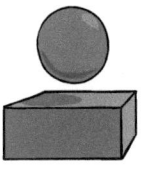

上方

Nad

上面

Na

下麵

Pod

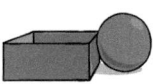

旁邊

Poleg

中間

Med

地點

Kraj